W0418344

Corien Oranje &
Mariska Vos

Dezembertage

31 x Inspiration, Genuss und Liebe

Deutsch von Kordula Witjes

SCM

advents
voor
jou

Einleitung

Der Dezember ist ein Monat voller Vorbereitungen auf das Fest, funkelnden Lichtern, Geselligkeit und freudiger Erwartung, aber auch ein Monat voller Hektik und Stress. Geschenke einkaufen, einpacken, Gedichte und Wichtelgeschenke vorbereiten, Weihnachtskarten verschicken, einen Baum aussuchen oder wieder zusammenbauen, den Weihnachtsschmuck vom Dachboden holen, alles dekorieren, ein Menü zusammenstellen, das Haus putzen, überlegen, wer eingeladen wird oder wen man besucht, kochen, backen, abwaschen, Silvester vorbereiten, sich fragen, ob man Feuerwerk oder kein Feuerwerk kauft und wo überhaupt gefeiert wird …
Dabei verliert man sich selbst beinahe.

Mit dem Buch „Dezembertage“ kommst du kurz zur Ruhe. Nimm dir jeden Tag einen Moment für dich selbst, lies den kurzen Impuls, überlege, für wen du beten und wofür du Gott danken möchtest. Gestalte etwas Schönes, etwas Kreatives. Genieße die Gaben und Möglichkeiten, die Gott dir gegeben, die er geschaffen hat.

Sich auf die Ankunft des Herrn freuen.

BETEN

Wer alleine betet, verfällt oft in alte Muster. Dagegen hilft, dir vorher aufzuschreiben, für wen du heute speziell beten willst.

DANKEN

Danke Gott für all die kleinen und großen Dinge, die dir das Leben angenehmer machen. Kontaktlinsen, Doppelverglasung, die Löschen-Taste an deinem Computer, ein Parkplatz, die Badezimmerheizung. Je mehr du darauf achtest, umso mehr findest du, wofür du dankbar sein kannst.

GEBEN

Jeden Tag liest du ein oder zwei Ideen, wie du auf einfache Weise etwas von Gottes Liebe und Güte, von Jesu Licht, von der schöpferischen, verbindenden Kraft des Heiligen Geistes erfahrbar machen kannst. Dafür ist auch gar nicht viel Geld nötig.

GESTALTEN

Basteln ist die beste Art und Weise, um zur Ruhe zu kommen: Nimm dir jeden Tag kurz Zeit, um etwas Kreatives zu tun. Bastle einen Adventskranz aus einem Stück Holz, das du bei einem Waldspaziergang gefunden hast, kreiere deinen eigenen Schaukasten, bastle Windlichter, eine Girlande … Hinten im Arbeitsteil des Buches findest du die Anleitungen zu den Ideen, die du auf den Fotos siehst.

SCM

Stiftung Christliche Medien

Der SCM Verlag ist eine Gesellschaft
der Stiftung Christliche Medien, einer gemeinnützigen Stiftung, die sich für die Förderung und Verbreitung christlicher Bücher, Zeitschriften, Filme und Musik einsetzt.

Satz: Katrin Schäder, Velbert
Druck und Bindung: dimograf
Gedruckt in Polen
ISBN 978-3-7893-9800-1
Bestell-Nr. 629.800

Inhalt

Für viele Menschen bedeutet es Nostalgie pur, wenn sie bei ihrem Adventskalender jeden Tag ein Türchen öffnen können. Es gibt sie auch online, mit passender Musik.
Aber noch schöner wäre es natürlich, diesen Monat selbst einen originellen Adventskalender zu basteln, zum Beispiel in Form von 24 Tassen, die du verschenken kannst.

Adventstassen

Du brauchst dafür:

- *24 Tassen und Untertassen (secondhand)*
- *Labels*
- *Bindedraht oder Schnur*
- *Text des Tages aus dem Arbeitsteil, Seite 91*
- *Dinge, um die Tassen zu füllen: Süßigkeiten, Pralinen, Kerzen, Blumenzwiebeln*

Und so geht's:
Kaufe im Secondhandladen 24 schöne, alte Tassen mit Untertassen. Binde Labels an die Tassen und stelle sie auf ein großes Tablett oder auf einen kleinen Tisch irgendwo im Wohnzimmer oder im Flur. In einige Tassen kannst du Teelichte setzen. Wenn es dunkel wird, scheint das Kerzenlicht durch das Porzellan.
Jeden Tag, vom 1. Dezember bis Weihnachten, nimmst du eine Tasse weg und füllst sie mit leckeren Süßigkeiten, Pralinen, einer Kerze oder einer Blumenzwiebel und dem Tagestext aus dem Adventskalender. Schreibe oder drucke einen Wunsch oder Namen auf das Label und verschenke die Tasse an deine Freundin, Schwester, Mutter, Nachbarin oder wen du auch immer beschenken willst.

Auf eine schöne Adventszeit!

Diese schönen Tassen, die du verschenken kannst, versüßen die Wartezeit bis Weihnachten.

1 DEZEMBER

Stelle für die nächsten Tage einen Schaukasten auf und fülle ihn mit Gegenständen, die zu den Bibelstellen passen, die du liest. Siehe Arbeitsteil Seite 77. Heute: Ein hübsch bemalter Zweig und Familienschmuck als Symbol für deinen eigenen Stammbaum, für die Familie, aus der du kommst.

Stammbaum

Manche Menschen finden es schön, ihren Familienstammbaum zu zeichnen. Ich habe selbst auch ein Buch mit allen meinen Vorfahren väterlicherseits. Ehrlich gesagt, bedeutet es mir nicht viel. Natürlich wäre ich ohne diese Leute heute nicht hier, aber wenn man weiter nichts über die Personen weiß, liest man dort nur Namen und Jahreszahlen. So ging es mir, bis ich erfuhr, dass sich meine Ururgroßmutter als kleines Mädchen im Den Haager Wald versteckte, als sie die berittenen Truppen Napoleons kommen hörte. Auf einmal wurde ein Name zu einer Person, zu einem Menschen.

> Dies ist ein Verzeichnis der Vorfahren von Jesus Christus, einem Nachkommen des Königs David und Abrahams.
>
> Matthäus 1,1

Matthäus beginnt sein Buch mit einem Abstammungsregister von Jesus. Langweiliger kann man ein Buch kaum beginnen, denkst du sicher. Aber die ersten Leser faszinierte dieses Register. Für sie war es ein Geschichtsbuch im Kleinformat. Ein Geschichtsbuch über ihre eigene Familie – das mit der Geburt des Retters endet, auf den sie so lange gewartet haben. Hinter jedem Namen steht eine Lebensgeschichte. Eine Geschichte über ganz normale Leute mit guten Eigenschaften, aber auch mit Fehlern und Unzulänglichkeiten. Bei diesem Stammbaum erkennt man hinter jedem Namen, dass Gott es ist, der dafür sorgt, dass der Retter der Welt geboren wird.
Manchmal scheint der Plan nicht aufzugehen. Aber Gott hat den Menschen ein Versprechen gegeben und er hält sich an seine Versprechen. Nichts und niemand kann ihn aufhalten.

- *Was ist deine liebste Erinnerung?*
- *Nenne etwas Besonderes, das du von deinen Vorfahren weißt.*
- *Lies: Matthäus 1,1-16.*
- *Welcher Name aus diesem Register spricht dich am meisten an? Warum?*

Gott, ich danke dir für

Ich bete für

Geben

- Sprich mit dem Straßenzeitungsverkäufer oder dem osteuropäischen Akkordeonspieler, der vor deinem Supermarkt sitzt. Frag ihn nach seiner Geschichte.
- Pflanze einige Blumenzwiebeln in öffentlichen Grünflächen.

Die Tage werden immer kürzer, die Nacht scheint Überhand zu gewinnen, aber Jesus, das Licht der Welt, naht schon. Eine schöne Tradition ist daher, jeden Sonntag eine weitere Kerze am Adventskranz anzuzünden. Bastle dir deinen eigenen Adventskerzenhalter.
Siehe Arbeitsteil Seite 78.

Die Frau, die Mutter wurde

„Abraham war der Vater von Isaak" ist das Erste, was Matthäus über Jesu Vorfahren erzählt. Es steht da ganz selbstverständlich. Aber bevor Abraham das werden konnte, gingen viele Jahre voller Warten, Enttäuschungen, Hoffnung, Ratlosigkeit und Zweifel ins Land. Für Abraham, aber auch für Sara, die jeden Monat am eigenen Leibe erfährt, dass sie wieder nicht schwanger ist. Sie sucht nach Antworten, nach eigenen Lösungen: Vielleicht mit Hilfe einer Leihmutter? Sie kommt in die Wechseljahre, die Menopause. Nun ist es also wirklich zu spät. Sie wird kein Kind mehr bekommen. Kann man es ihr da krummnehmen, dass sie lacht, als jemand ihrem Mann sagt, dass sie nach einem Jahr ein Kind haben wird?
Ein Kind? Na klar. Sicher doch. Sie ist 89. Es ist zu spät. Sie hat vergebens auf Gott vertraut.

Diese Schwangerschaft, der Junge, der geboren wird, das von Gott versprochene Volk, das Kind, das zweitausend Jahre später die Welt retten wird, das alles geschieht nicht, weil Sara so fruchtbar oder gläubig ist. Gott selbst hat hier seine Finger im Spiel. Er macht das Unmögliche wahr. Das zeigt er hier ganz deutlich.

Und Sara freut sich: „Gott lässt mich wieder lachen! Alle, die dies hören, werden mit mir lachen."
1. Mose 21,6

- *Wann hat Gott dich vor Freude lachen lassen?*
- *Worauf hoffst du?*
- *Lies: 1. Mose 21,1-7*

Gott, ich danke dir für

Ich bete für

Geben

- Unternimm an einem Nachmittag etwas mit den Kindern einer Freundin. Tipp: Schieße Fotos und schicke sie per Mail oder WhatsApp an deine Freundin.
- Schreib dem Patenkind, das dir von einer Hilfsorganisation vermittelt wurde, eine Karte. Leg ein Foto bei!

Ein guter Beginn für die Adventszeit: Hänge einen Weihnachtsstern auf – oder verpass ihm zuerst ein Make-Over mit bedrucktem Papier oder Washitape!
Auf tinyurl.com/adventster findest du eine Anleitung und Fotos.

2 DEZEMBER

Gott ließ Sara wieder lachen. Suche in einer Zeitschrift oder in einem Fotoalbum ein Foto von einer lachenden Person und stell es in deinen Schaukasten.

3 DEZEMBER

✻ Hänge heute ein Herz als Zeichen der Liebe in deinen Schaukasten. (Kein Herz zur Hand? Dann forme eines aus Fimo-Knetmasse oder schneide eines aus Karton aus.)

Die Frau, die zu ihrem unbekannten Liebsten zog

Es ist wie im Märchen, wie eine Szene aus Tausendundeiner Nacht mit einer Reise durch die Wüste, Zelten, Kamelen, einer verschleierten Braut und einem unbekannten Bräutigam.
Der Anfang ist schon romantisch und noch schöner wird es, als die beiden, Rebekka und Isaak, sich wirklich ineinander verlieben. Aber es ist kein Märchen. Im Zelt bleibt es still. Sie bekommen keine Kinder. Die Jahre vergehen und sie werden immer älter. Wieder einmal scheinen Gottes Pläne fehlzuschlagen. Sie können sich nicht damit abfinden. Es wird immer schlimmer. Aber ihre Trauer treibt keinen Keil zwischen die beiden. Isaak löst das Problem auch nicht wie damals sein Vater, der sich eine zweite Frau nahm.

> Rebekka konnte keine Kinder bekommen. Isaak betete daher für sie zum Herrn.
> 1. Mose 25,21

Wir bekommen einen rührenden Einblick in ihr Privatleben: Isaak betet für seine Frau. Zwanzig Jahre nach ihrer Hochzeit geschieht, worauf sie schon fast nicht mehr zu hoffen wagten: Sie wird schwanger. Es sind Zwillinge. Doppeltes Glück. Zwei Söhne.

Doch die Erfüllung ihres größten Wunsches wird auch eine Quelle von Konflikten. Wie die beiden Jungen streiten! Was für eine Entfremdung. Nicht nur zwischen den Söhnen, sondern auch zwischen Rebekka und ihrem Mann.
Als sie auf ihr Leben zurückblicken, merken sie, dass sie sich in der schwierigen Zeit vielleicht noch am nächsten waren.

- *Hatte dein Vater oder deine Mutter ein Lieblingskind? Woran merktest du das?*
- *Wenn du Kinder hast: Liebst du das eine Kind anders als das andere?*
- *Wie sorgst du dafür, dass die Kinder nicht zwischen euch stehen?*
- *Wann fühltest du dich tief verbunden mit deinem Mann?*
- *Wann hat dein Mann für dich gebetet? Wann hast du für deinen Mann gebetet?*
- *Lies: 1. Mose 24*

Gott, ich danke dir für

Ich bete für

Geben

- Siehst du irgendwo leere Schuhe? Im Flur, im Zimmer deines Teenies, bei einer Freundin, im Fitnessstudio, bei der Physiotherapie? Fülle sie mit einem Schokoladennikolaus, Lebkuchen und Zimtsternen. Der Erfolg ist dir sicher.

Hast du auch so trockene Hände? Kauf dir diesen Winter eine wirklich gute Handcreme. Das ist dein kleiner Verwöhnmoment, wann immer du ihn brauchst.

Thirteen kids and counting

Sie sind selten geworden, aber es gibt sie noch immer: große Familien mit zehn oder mehr Kindern. Die Duggarfamilie zum Beispiel. Der amerikanische Fernsehsender TLC begleitete sie jahrelang. Ihre neunzehn Kinder spielen alle Geige und Klavier. Die Großen helfen den Kleinen bei den Schulaufgaben und alle haben ihre Pflichten im Haushalt. Da könnte man neidisch werden.

Jakobs Familie wird auch groß: Er hat zwölf Söhne und mindestens eine Tochter. Von ihr stammt das Volk ab, aus dem der Retter geboren werden wird. Aber es ist keine perfekte Familie mit geigenden Kindern, die miteinander spielen. Bestimmt hat es auch schöne Momente gegeben, aber in der Bibel liest man vor allem von den Dingen, die misslingen. Da ist die Rede von gestörten Familienverhältnissen, Racheaktionen und unterschwelliger Eifersucht. Dort steht, wie die älteren Jungen ihren schwierigen Bruder in die Sklaverei verkaufen und ihrem Vater erzählen, er sei von einem Raubtier getötet worden. Man liest von Betrug, Kummer, Gefangenschaft und Hunger. In dieser Familie geht alles schief. Es ist zum Verzweifeln. Erst ganz zum Schluss wird deutlich, wie Gott im Leben von Jakob, seinen Frauen und Söhnen am Werk gewesen ist. Alles, was geschehen war, auch die furchtbaren Dinge, wusste Gott in seinen Plan einzufügen.

Was mich betrifft, hat Gott alles Böse, das ihr geplant habt, zum Guten gewendet. Auf diese Weise wollte er das Leben vieler Menschen retten.
1. Mose 50,20

- *In was für einer Familie bist du aufgewachsen?*
- *In welcher/welchen Situation/en erkennst du, dass Gott etwas Trauriges oder Schlechtes „zum Guten gewendet“ hat?*
- *Was gefällt dir an deiner Familie?*
- *Lies: 1. Mose 37*

Gott, ich danke dir für

Ich bete für

Geben

- Kaufe, wenn du sowieso einkaufen gehst, etwas mehr ein und gib es bei der Tafel ab. Oder schau in deinem Vorratsschrank nach Lebensmitteln oder Hygieneartikeln, die du doch nicht mehr verwendest.

Stelle neue Kerzen aus Kerzenstumpen her. Schmelze das Wachs in einem Wasserbad. Benutze Toilettenpapierrollen als Form. In einem Bastelgeschäft oder online kannst du Dochte kaufen. Eine Anleitung in niederländischer Sprache mit vielen Fotos findest du hier: tinyurl.com/kaarsmaken.

4 DEZEMBER

* Wähle für jedes Familienmitglied einen schönen Knopf aus und befestige ihn an einem Band. Leg es als Symbol für das Band, das ihr als Familie habt, in den Schaukasten. (Du kannst natürlich auch besondere Perlen benutzen.)

5 DEZEM

* Feiert ihr in eurer Familie Nikolaus? Im Arbeitsteil (S. 80–82) findest du Ideen, wie du deine Geschenke auf originelle Weise verpacken kannst.

Die Frau, die ihren Schwiegervater verführte

Sie ist irgendwie das schwarze Schaf der Familie. Stolz muss wirklich keiner darauf sein, wenn ein Mitglied der Familie sich prostituiert. Okay, eigentlich war Tamar keine Prostituierte – sie tat nur als ob und das auch nur einmal. Und auch nur, um ihren Schwiegervater zu verführen und ein Kind von ihm zu bekommen. Das macht es natürlich nicht viel besser. Wenn man daran denkt, wird einem schon ganz anders.
Aber auch diese Philisterin ist eine der Vorfahren Jesu. Matthäus nennt absichtlich auch ihren Namen in seinem Abstammungsregister – das ist eine Besonderheit, denn Frauen werden normalerweise nicht erwähnt. Dadurch wird eines ganz deutlich: Jesus wird nicht in eine Reihe von tadellosen Glaubensleuten geboren, von frommen Supergläubigen, die nie etwas falsch machen. Jesu Vorfahren waren Menschen wie du und ich. Menschen, die seltsame Dinge taten. Falsche Dinge. Verzweifelte Dinge, wenn sie keinen anderen Ausweg sahen.
Tamar gehört zu ihnen. Ihr Name darf zwischen denen der anderen Vorfahren Jesu stehen. Was auch immer andere von ihr dachten – Gott liebte sie. Gott hat auch sie in Dienst genommen, um seine große Rettungsaktion durchzuführen.

Juda war der Vater von Perez und Serach (ihre Mutter war Tamar).
Matthäus 1,3

- *Lies: 1. Mose 38*
- *Was fühlst du, wenn du 1. Mose 38 liest?*
- *Wen findest du sympathisch? Wieso?*
- *Gibt es in deiner Familie ein schwarzes Schaf? Wie ist deine Haltung zu ihm/ihr?*

Gott, ich danke dir für

Ich bete für

Geben

- Stelle heute Abend bei jemanden, der es nicht erwartet, einen Kuchen/einen Beutel Pfeffernüsse/ein Geschenk vor die Tür, drücke auf die Klingel und laufe weg.

Immer noch viel zu tun wegen Nikolaus? Koche heute Tagliatelle mit Spinat. Schnell gemacht und wahnsinnig lecker. Siehe Arbeitsteil, Seite 83.

Die Frau, die ihrer Schwiegermutter half

Ihr Mann ist tot. So jung. Sie waren erst ein paar Jahre verheiratet. Sie hatten noch nicht einmal Kinder. Ihre Welt bricht zusammen. Und jetzt will ihre Schwiegermutter, bei der sie seit der Heirat wohnt, in ihr eigenes Land zurückkehren. Was soll sie jetzt tun?
Ihre Schwiegermutter ist zudem kein einfacher Mensch. Das ist auch verständlich, nach dem, was sie durchgemacht hat. Sie kam auf der Flucht vor dem Hunger als Asylbewerberin nach Moab, um dann einige Jahre später ihren Mann und beide Söhne zu verlieren – wer würde da nicht depressiv werden?

Rut könnte diese ganze Geschichte hinter sich lassen. Sie könnte in das Haus ihrer Eltern zurückkehren. Sie könnte sich einen Mann suchen und Kinder kriegen. Sie ist wieder frei. Aber sie will ihre Schwiegermutter nicht im Stich lassen. Sie sieht die Trauer, die sich hinter ihren zynischen Worten verbirgt. Sie sagt:

Wo du hingehst, dort will ich auch hingehen, und wo du lebst, da möchte ich auch leben.

Dein Volk ist mein Volk und dein Gott ist mein Gott.

Rut 1,16

Da zerbricht etwas in Noomi. Sie weist ihre Schwiegertochter nicht länger ab. Sie lässt sie an sich heran. Und dadurch lässt sie auch Trost und Heilung zu. Sie lässt Gott selbst zu.

- *Wie ist dein Verhältnis zu deiner Mutter oder Schwiegermutter?*
- *Welche Schwierigkeiten hat sie durchgestanden?*
- *Wie ist ihr Verhältnis zu dir? Fühlst du dich geliebt? Wertgeschätzt? Woran merkst du das?*
- *Lies: Rut 1,1-19*

Gott, ich danke dir für

Ich bete für

Geben

- Stecke deinem Mann einen lieben Brief in die Jackentasche. Oder leg ihn in sein Auto, sodass er ihn findet, wenn er zur Arbeit fährt.
- Sag etwas Nettes zu der jungen Frau an der Kasse. Oder zu jemand anderem, der dir hilft.

Tipp: Weihnachtssüßigkeiten und Marzipanstangen sind jetzt manchmal schon heruntergesetzt. Marzipanstangen kannst du einfrieren und kurz vor Weihnachten wieder auftauen. Dann mit Aprikosenmarmelade bestreichen, mit gerösteten Mandelsplittern oder Puderzucker bestreuen und kurz in den Ofen …

6 DEZEMBER

* Nimm eine kleine Flasche und fülle sie mit ein wenig Oliven- oder Duftöl als Symbol für Trost und Genesung. Stell das Fläschchen zu den anderen Gegenständen in den Schaukasten.

Der letzte Gegenstand für deinen Schaukasten: ein Vogel. Vielleicht findest du noch einen Christbaumvogel, aber du kannst auch ein Bild aus einer Zeitschrift ausschneiden. Ein Rotkehlchen als Symbol für Hoffnung und Vertrauen oder eine Taube für Frieden.

Die Frau, die sich einen reichen Mann angelte

Liebe auf den ersten Blick ist es nicht. Sie sucht gar keinen Mann. Er ist viel älter als sie und er ist freundlich zu ihr, väterlich – als ob sie seine eigene Tochter wäre.
Es ist nicht ihre Idee. Auch nicht seine. Es ist die Idee ihrer Schwiegermutter, die weiß, dass er ein Verwandter ihres verstorbenen Mannes ist. Es ist seine Pflicht, ihnen zu helfen, indem er das Stück Land des Verstorbenen kauft und ihre Schwiegertochter heiratet.
Was Rut selbst wohl vom Vorschlag ihrer Schwiegermutter hält? Nimm ein Bad, lege Parfüm auf, zieh dein schönstes Kleid an und leg dich heute Nacht zu ihm ins Bett: Ein bisschen hinterhältig ist das ja schon. Sie muss Boas in eine kompromittierende Situation bringen, damit er als ehrbarer Mann nicht anders kann, als sie zu heiraten.
Hätte es keinen anderen Weg gegeben? Hätte Noomi ihn nicht einfach bitten können? Scheinbar will sie das Risiko nicht eingehen. Rut hört auf den Rat ihrer Schwiegermutter. Nicht für sich selbst, sondern für die Familie.

„Wer bist du?", fragte er. „Ich bin deine Magd Rut", antwortete sie. „Breite einen Zipfel deiner Decke über mich, denn du bist der Loskäufer meiner Familie."
Rut 3,9

- *Was hältst du von Noomis Plan?*
- *Kennst du einen Mann, der wie Boas ist?*
- *Was findest du bei einem Partner wichtig?*
- *Lies: Rut 3*

Gott, ich danke dir für

Ich bete für

Geben

- Such in der Küche, im Schuppen, in der Waschküche und auf dem Dachboden nach Dingen, die du nicht mehr benutzt und bring sie zu einem Secondhandladen oder stelle sie zum Verschenken ins Netz. Tassen, Gläser, Untersetzer, Pfannen, Tische, Stühle ... Räum gründlich auf und mache jemand anderen dadurch glücklich.

- Umarme heute jemanden, den du magst.

Backe heute einen Christstollen. Dann riecht das ganze Haus wunderbar.
Siehe Arbeitsteil Seite 84.

Die Frau, die das Glück fand

Würdest du einen Mann heiraten, der doppelt so alt ist wie du? Was, wenn er sehr lieb oder reich oder von königlichem Blut wäre? Boas weiß, dass er nicht gerade attraktiv ist. Und tatsächlich bittet Rut ihn nicht, weil sie so verliebt in ihn ist. Sie tut es für ihre Schwiegermutter und für ihren verstorbenen Mann.
Trotzdem scheint es so, als ob es die richtige Entscheidung war. Als ob sie ihr Glück findet und mit der Trauer um ihren verstorbenen Mann abschließen kann. Ihr Leben wird ruhiger. Sie hat nun ein Zuhause. Einen guten Mann, der für sie sorgt. Eine Schwiegermutter, die wieder glücklich ist. Nachbarinnen, die zu Freundinnen werden. Und einen Sohn.
Das Besondere daran: ihren Kummer, die Launen ihrer Schwiegermutter, der Abschied von ihrer Familie, die Armut, die harte Arbeit – im Nachhinein scheint es, als ob für Gott alles, was ihr widerfahren ist, nötig war, damit dieser Junge geboren werden konnte. Ihr Sohn.
Und ohne dass sie es weiß, ist Gott derweil mit einem noch größeren Plan beschäftigt. Ein Plan, bei dem auch sie eine Rolle spielt. Diese moabitische Frau wird ein unersetzliches Glied in der Ahnenreihe von Jesus.

Die Nachbarinnen sagten: „Jetzt hat Noomi endlich wieder einen Sohn!“ Und sie nannten ihn Obed. Er wurde der Vater von Isai und der Großvater von David.
Rut 4,17

- *Lies: Rut 4*
- *Noomi behandelt ihren Enkel fast wie ihr eigenes Kind. Was würdest du davon halten, wenn deine Schwiegermutter dein Kind aufzieht?*
- *Welche Rolle spielte deine Großmutter in deinem Leben?*

Gott, ich danke dir für

Ich bete für

Geben

- Zufrieden mit dem Gottesdienst? Schicke doch ein Dankeschön an den Organisten, die Band, den Pfarrer oder die Verantwortlichen für den Kindergottesdienst!

Lecker und einfach: Apfeltaschen.
Siehe Arbeitsteil Seite 85.

Schöne Weihnachtsdekoration zum Selbermachen: tinyurl.com/kerstversiering.

Die Frau, die ihren Körper verkaufte

Hat sie es sich selbst so ausgesucht? Ist das wirklich der Beruf, von dem sie als kleines Mädchen träumte? Oder ist etwas geschehen, wodurch sie keine andere Wahl hatte?
Wir lesen nichts über ihr Äußeres, nichts darüber, wie sie sich fühlt, wenn die Männer sie ansehen, wenn die Frauen ihr nur Verachtung entgegenbringen, wenn ihre Familie sich von ihr abwendet. Die Bibel berichtet nur davon, was sie tut. Die beiden Spione, die bei ihr klopfen, verrät sie nicht – sie zeigt ihnen sogar ein Versteck, als nach ihnen gesucht wird. Sie blickt den Soldaten später direkt in die Augen und lügt eiskalt, dass die Spione die Stadt verlassen hätten. Nachts hilft sie ihnen dann bei der Flucht.
Wenn du durch die roten Lampen, die Dessous und die verführerischen Blicke hindurchschaust, siehst du, wer sie ist: eine tapfere Frau, die einen ausgeprägten Gerechtigkeitssinn hat, eine Frau voller Liebe für ihre Familie, für ihre Nichten und Neffen. Eine Frau, die gegen den Strom schwimmt. Die sich ganz allein für den Gott Israels entscheidet. Sie wagt es, obwohl sie damit ein großes Risiko auf sich nimmt. Aber zum Schluss wird deutlich, dass ihr Vertrauen in diesen Gott nicht umsonst gewesen ist. Sie rettet anderen und sich selbst das Leben.

Nun schwört mir bei dem Herrn, dass ihr mich und meine Familie verschonen werdet, weil ich euch geholfen habe. Gebt mir ein Pfand, dass ihr mich am Leben lasst, und ebenso meine Eltern und Geschwister sowie deren Familien.
Josua 2,12-13

Gott verleiht ihr eine besondere Rolle: Auch sie darf eine der Vormütter Jesu werden.

- *Wo sollten die Leute bei dir hindurchblicken?*
- *Bei wem kannst du du selbst sein?*
- *Lies: Josua 2*

Gott, ich danke dir für

Ich bete für

Geben

- Gehst du in die Bibliothek? Biete einem alten oder kranken Bekannten an, auch für ihn oder sie Bücher auszuleihen.
- Schenke einer gestressten Mutter einen Babysitting-Gutschein.

Organisiere eine Tauschparty mit deinen Freundinnen. Sprecht euch vorher ab, welche Dinge ihr tauschen wollt: Kleidung, Spielzeug, Bücher, Puzzle, Weihnachtsdeko, DVDs, Schmuck … Alles, was übrig bleibt, kannst du in den Secondhandladen bringen.

Die Frau, die einen Mörder heiratete

Da fiel sein Blick vom Dach aus auf eine außergewöhnlich schöne Frau, die gerade ein Bad nahm.

2 Samuel 11,2

Sie ist kein Mädchen, das die Jungs beeindrucken will, indem sie so wenig Kleidung wie möglich trägt. Keine Frau, die auf clevere Art und Weise versucht, einen attraktiven Mann zu verführen. Sie ist eine verheiratete Frau, die sich an Gottes Gesetze hält: Sie wäscht sich, weil ihre Regelblutung vorbei ist, und sie tut es in der Dämmerung. Männer sind nicht in der Nähe. Wie auch. Die sind allesamt in den Krieg gezogen. Sie hat keine Ahnung, dass es einen Mann gibt, der sie sehen kann. Eigentlich müsste er sich umdrehen, in die andere Richtung blicken, denn er ist verheiratet. Aber er beobachtet sie heimlich von seiner Dachterrasse aus, ohne dass sie es merkt. Er findet heraus, wer sie ist, und lässt sie für einen One-Night-Stand in sein Zimmer bringen. Als er erfährt, dass sie schwanger ist, lässt er ihren Mann umbringen. Den Mann, der für ihn im Krieg kämpft. Einer seiner dreißig Helden, ein Mann, den er persönlich kennt.

Sie geht beinahe daran zugrunde. Sie trauert um ihren Mann und um das Kind, das sie verliert. Wie nur soll sie mit dem Mann zusammenleben, der die Schuld daran trägt?
Und dennoch ist in der ganzen Trauer auch ein Trost, denn Gott schenkt neues Glück. Einen Jungen, der König werden wird und in seinem Leben etwas von dem Frieden verwirklicht, den Jesus bringen wird.

- *Wurdest du schon einmal auf unangenehme Weise angeschaut?*
- *Wie wichtig ist dir das Äußerliche?*
- *Wem kannst du nur schwer vergeben? Warum ist das so?*
- *Lies: 2 Samuel 11*

Gott, ich danke dir für

Ich bete für

Geben

- Lege ein Buch auf eine Parkbank oder in einen Einkaufswagen, damit es jemand findet.
- Lade Freundinnen zum Frühstück oder Mittagessen ein.

Gut für die Umwelt: Miete dieses Jahr einen Weihnachtsbaum. Suche ihn in der Baumschule aus, nimm ihn mit und bring ihn nach den Feiertagen wieder zurück. Such im Internet mit den Stichworten „Weihnachtsbaum mieten" nach einem Anbieter in deiner Region.

10 DEZEMBER

*Mit Einmachgläsern, Packpapier, Buchstabenstempeln und Bindedraht kannst du eine wunderschöne, aussagekräftige Weihnachtsbeleuchtung gestalten. Siehe Arbeitsteil Seite 86.

11 DEZEMBER

*es ist wahr

Der Mann, dessen Los gewann

Er gewinnt kein Geld, keine Kreuzfahrt, kein Auto, keine neue Küche. Der Preis, den er mit seinem Los gewinnt, besteht darin, ein paar Minuten im Tempel Dienst leisten zu dürfen. Aber er ist überglücklich. In den Tempel hineingehen, das Rauchopfer darbringen – das darf ein Priester höchstens einmal in seinem Leben. So nah bei Gott sein, als ob man zu ihm nach Hause geht.
Von draußen hört er den Lärm der wartenden Menschen, aber hier drinnen ist es still und dämmrig. Er ist ganz allein.
Doch plötzlich steht jemand neben ihm. Kein Kollege. Zacharias begreift sofort: Das ist kein Mensch. Schauder überlaufen ihn, beinahe lässt er die glühenden Kohlen und den Weihrauch fallen. Seine Knie geben nach. Aber dann hört er eine Stimme.

„Hab keine Angst, Zacharias! Gott hat dein Gebet erhört."
Lukas 1,13

Sein Gebet? Er hat schon vor vielen Jahren aufgehört, um ein Kind zu bitten. Er hat es beinahe ganz vergessen. Gott hörte damals nicht zu, so schien es ihm. Doch Gott hat seine Gebete gehört. Er erinnert sich. An alle.

- *Wann hat Gott dir etwas gegeben, womit du nicht gerechnet hast?*
- *Was ist dein Herzenswunsch?*
- *Lies: Lukas 1,5-20*

Gott, ich danke dir für

Ich bete für

Geben

- Kochst du Äpfel oder Birnen ein? Mach dieses Mal etwas mehr und fülle einige große Gläser damit. Ein hübsches Stück Stoff um den Deckel, ein Etikett dran, und fertig ... Die Gläser kann man selbst behalten oder verschenken. Ein Glas selbst gemachte Marmelade ist übrigens auch immer ein schönes Geschenk.

- Schreibe heute Weihnachtskarten und bring sie zur Post.

Soll es dieses Jahr keinen Weihnachtsbaum, dafür aber originellen Schmuck geben? Such im Wald nach schönen, geraden Ästen und Zweigen in unterschiedlichen Größen: der kleinste 10 cm, der längste 70 cm. Häng sie im gleichen Abstand parallel aneinander auf, von klein nach groß, und befestige den entstandenen Weihnachtsbaum an der Wand. Schmücke die Äste mit Lichtern, Kugeln, Sternen und Tannenzapfen.

Der Mann, der seine Sprache verlor

Als er endlich heraustrat, konnte er nicht zu ihnen sprechen.
Lukas 1,22

Was für ein Albtraum. Vor einer Gruppe von Menschen stehen und eine Ansprache halten wollen, und plötzlich nicht mehr wissen, was man sagen wollte. Man kann nicht mehr denken – es kommt kein Wort heraus. Was für eine Blamage. Erde, tu dich auf und verschluck mich.
Zacharias steht vor einer Menschenmenge und kann kein Wort sprechen. Nicht, weil er nervös ist, sondern weil seine Stimmbänder versagen. Er kann nicht einmal mehr flüstern. Er scheint es aber nicht schlimm zu finden. Er rennt jedenfalls nicht schnell weg, um sich zu verstecken. Er redet einfach in Gebärden weiter.
Er kann nicht mehr sprechen und ja, das ist die Strafe dafür, dass er die Neuigkeiten nicht glaubte. Aber gleichzeitig ist das auch ein Zeichen für Gottes Liebe zu ihm. Gott gibt ihm den Beweis, den er brauchte. Also ist wahr, was der Engel gesagt hat.
Seine Frau wird schwanger werden. Sie werden einen Sohn bekommen.
Ein Kind, das von Gottes Geist erfüllt sein wird.
Ein Kind, das dem Herrn vorausgehen wird.
Er kann es kaum erwarten, nach Hause zu dürfen, um es seiner Frau zu erzählen. Aber er bleibt in Jerusalem, bis sein Dienst vorbei ist. So ein Mann ist er nun mal.

- *Wäre es für dich leichter, zu glauben, wenn du einen Beweis hättest?*
- *Was hilft dir, wenn du zweifelst?*
- *Lies: Lukas 1,21-23*

Gott, ich danke dir für

Ich bete für

Geben

- Fülle ein Weihnachtspaket für jemanden, der auf Hartz IV angewiesen ist oder sonst nie ein Weihnachtspaket bekommt. Du kannst dafür natürlich einkaufen gehen, aber warum schaust du nicht erst, was du schon im Haus hast: Kerzen, Wein, leckerer Saft, Schokolade, Nüsse, eine DVD ... Pack dein Paket hübsch ein, stecke eine Karte dazu und übergib es persönlich.

Gestalte für das nächste Jahr selbst einen Fotokalender. Das ist auch eine schöne Geschenkidee! Im Internet findest du Anleitungen und Vorlagen dafür.

12 DEZEMBER

✽ der Engel hat es gesagt

13 DEZEMBER

✻ Gott erhört mein Gebet

Die Frau, die ihren Mann nicht verstand

Sie schaut ihren Mann an. Seit er nach Hause gekommen ist, hat er noch nichts gesagt, er hat noch nicht einmal seine Füße gewaschen und jetzt führt er vor ihr eine seltsame Pantomime auf. Er zeigt auf den Himmel, tut so, als ob er erschrickt. Dann zeigt er auf sie. Auf ihren Bauch. Er tut, als ob er ein Baby wiegen würde, und lächelt dabei, seine Augen strahlen.
„Was ist los?", fragt sie ungeduldig. „Zacharias! Hör auf! Tu doch nicht so komisch. Warum sagst du nichts?"
Er zeigt auf seinen Mund, schüttelt den Kopf. Und dann sucht er eine Schreibtafel und kritzelt etwas darauf. Sie schaut zu. Langsam entziffert sie die Buchstaben, reiht sie zu Worten aneinander.
„Du bekommst einen Sohn", liest sie dort zu ihrer Überraschung. „Was? Was erzählst du da?"
Zacharias antwortet nicht. Er schreibt weiter. Und sie liest: „Der Engel hat es gesagt."
Ein Sohn? Ein Engel?
Sie schaut ihren Mann an. Er lächelt. Er nickt. Er streicht seine Worte aus, schreibt weiter. Und der Hoffnungsschimmer, der schon so lange verloschen war, kehrt in ihr Herz zurück. Sie versteht das alles nicht. Aber so hat sie ihren Mann auch noch nie erlebt. Einen Sohn?

„Deine Frau Elisabeth wird dir einen Sohn schenken."
Lukas 1,13

- *Wann hat Gott dir nicht gegeben, worum du ihn gebeten hast?*
- *Wie gehst du damit um, wenn Gott dein Gebet nicht erhört?*
- *Lies: Psalm 113*

Gott, ich danke dir für

Ich bete für

Geben

- Leg für einen Passanten etwas Schönes auf eine Bank. Ein kleines Weihnachtsgeschenk (eine Christbaumkugel, eine Kerze, ein gläsernes Vögelchen) mit einer schönen Karte voller guter Wünsche.
- Schalte das Rücklicht eines geparkten Fahrrads aus.

Geh heute Nachmittag in die Bibliothek und suche dir einen Stapel guter Bücher und Filme für die Feiertage aus.

Auch schön: einmal die Ausleihkarten tauschen. Suche für eine Freundin die fünf schönsten Bücher aus, die du in den letzten Jahren gelesen hast, und bitte sie, dasselbe für dich zu tun.

Die Frau, die ihre Schwangerschaft geheim hielt

Kinderlos zu bleiben, obwohl man sich so sehr ein Kind wünscht, dieser Schmerz sitzt tief. Um dich herum werden deine Freundinnen schwanger, Frauen beklagen sich, dass sie so fruchtbar seien, dass sie schon schwanger werden, wenn ihr Mann sie nur ansieht, dass es eigentlich gar nicht der Plan war, so schnell schon wieder … Oder sie sagen seufzend, dass sie dieses Mal doch gerne ein Mädchen hätten.

Zu ihrer Zeit war es noch härter. Ein Kind bedeutete, dass jemand im Alter für dich sorgt, wenn du das Land nicht mehr selbst bewirtschaften kannst. Ein Kind bedeutete, dass jemand aus deinem Geschlecht dabei sein wird, wenn der Messias auf die Erde kommt. Frauen ohne Kinder waren irgendwie minderwertig. Damals sah auch niemand deinen Mann schief an, wenn er sich eine zweite Frau nahm.

Ihr Mann hat sich keine zweite Frau genommen. Sie sind immer zusammengeblieben, haben ihren Schmerz geteilt, haben gemeinsam zu Gott gebetet und bei ihm Trost gesucht.

Doch der Schmerz blieb. Auch als sie älter wurden, als die letzte Hoffnung verloschen war. Und dann, in einem Alter, wo es eigentlich nicht mehr geht, wird sie schwanger. Sie geht damit nicht hausieren, sie erzählt es niemandem. Ihr Mann kann nicht sprechen. Sie will es nicht. Sie steht ihm bei. Sie wartet.

„Wie gütig doch der Herr ist!", rief sie. „Er hat mich von der Schande der Kinderlosigkeit befreit!"
Lukas 1,25

- *Welches Ereignis hat dich und deinen Partner fester zusammengeschweißt?*
- *Wie fühlst du dich, wenn Menschen über dich sprechen?*
- *Woher kommt das?*
- *Wo findest du Trost?*
- *Lies: Lukas 1,24-25*

Gott, ich danke dir für

Ich bete für

Geben

- Gestalte online ein Fotobuch oder einen Fotokalender für deine Eltern oder Schwiegereltern.
- Stecke dir ein 2-Euro-Stück in die Jackentasche, um eine Obdachlosenzeitung kaufen zu können.

Bastle einen Kranz aus getrockneten Äpfeln. Siehe Arbeitsteil Seite 85.

Pflege deine Hände und Füße und lackiere dir die Nägel!

14 DEZEMBER

* er sorgt für mich

15 DEZEMBER

Das Mädchen, das verheiratet wurde

Keine heimlichen Briefe, keine Treffen, keine Küsse unter einem Apfelbaum. Sie waren nicht bis über beide Ohren verliebt. Romantik? Fehlanzeige. Ihre Eltern hatten schon vor Jahren mit seinen Eltern einen Plan gemacht. Sie sollte ihren Sohn heiraten und bei seiner Familie wohnen. Die Söhne des Paares sollten später auch Zimmerleute werden und ihre Schwiegertöchter bei ihnen einziehen.
War das schlimm? Sie kannte es nicht anders. So war es schon immer, so wird es immer sein.
Bis auf einmal ihre ganze Welt auf den Kopf gestellt wird.
Ein unerwarteter Gast kommt ins Haus und jagt ihr mit seiner strahlend hellen Erscheinung einen unglaublichen Schrecken ein. Er erzählt ihr, dass sie schwanger werden wird. Mit einem Sohn. Nicht einfach nur ein Sohn, nein, ein Prinz, der später König werden wird.
Der König, auf den die Welt seit Menschengedenken wartet.

Als Elisabeth im sechsten Monat schwanger war, sandte Gott den Engel Gabriel nach Nazareth, in eine Stadt in Galiläa, zu einem Mädchen, das noch Jungfrau war. Sie hieß Maria und war mit einem Mann namens Josef verlobt, einem Nachfahren von David.
Lukas 1, 26-27

- *Wie haben sich deine (Groß)Eltern kennengelernt? Was fanden sie aneinander so besonders?*
- *Wie hast du deinen Partner kennengelernt?*
- *Was ist deine liebste Erinnerung?*
- *Was könntet ihr tun, damit es wieder so besonders wird?*
- *Lies: Lukas 1,26-33*

Gott, ich danke dir für

Ich bete für

Geben

- Organisiere eine winterliche Schnitzeljagd für deine Freundinnen, deine Kinder oder deine Neffen und Nichten. Stelle heiße Schokolade und Spekulatius bereit!
- Gestalte ein Fotobuch mit Fotos von Menschen, für die du betest.

Verziere den Spiegel im Flur mit einer Lichterkette.
Stelle eine Laterne mit einer Kerze auch auf die Toilette!

Das Mädchen, zu dem ein Engel kam

Kaum ist er zur Tür herein, sieht sie, dass er kein normaler Mann ist. Dass er kein Mensch ist. Auch wenn er so gekleidet ist, auch wenn er ihre Sprache spricht und sie höflich begrüßt.

„Sei gegrüßt! Du bist beschenkt mit großer Gnade! Der Herr ist mit dir!“
Lukas 1,28

Ihr Atem stockt, ihr Herz pocht laut, sie weicht zurück. Eine normale Reaktion. Man liest sehr oft in der Bibel, dass sich die Menschen sehr erschrecken, wenn sie einen Engel sehen. Das Erste, was ein Engel deswegen immer sagen muss, ist: „Hab keine Angst.“
Gabriel scheint kurz vergessen zu haben, wer er ist und welchen Eindruck er auf Menschen macht und dass er dieses Mädchen erst beruhigen muss. Vielleicht ist es für ihn ein besonderer Besuch. So besonders, dass er von seiner Routine abweicht. Dies ist ein bedeutender Moment in der Geschichte. Dies ist der Moment, auf den Gott so lange hingearbeitet hat. Der Plan, für den sich Gabriel und seine Kollegen brennend interessieren. Er kann sich noch nicht auf alles einen Reim machen, aber er weiß, dass dieses Mädchen in Gottes Plan eine ganz besondere Rolle spielen wird.

- *Wie würdest du auf einen Engel reagieren?*
- *Hast du schon einmal die Anwesenheit und den Schutz eines Engels gespürt?*
- *Lies: Das Hohe Lied 2*

Gott, ich danke dir für

Ich bete für

Geben

- Gib den Müllmännern oder den Leuten vom Winterdienst eine Tüte mit selbst gebackenen Muffins oder Plätzchen.
- Nimm das Telefon und verabrede dich mit einer Freundin, die du schon ganz lange besuchen wolltest.

Tausche mit einer Freundin für die Feiertage eine DVD-Serie oder einige Familienfilme.

Organisiere einen Wochenendausflug für zwei Personen. Du sollst dabei eine der beiden Personen sein.

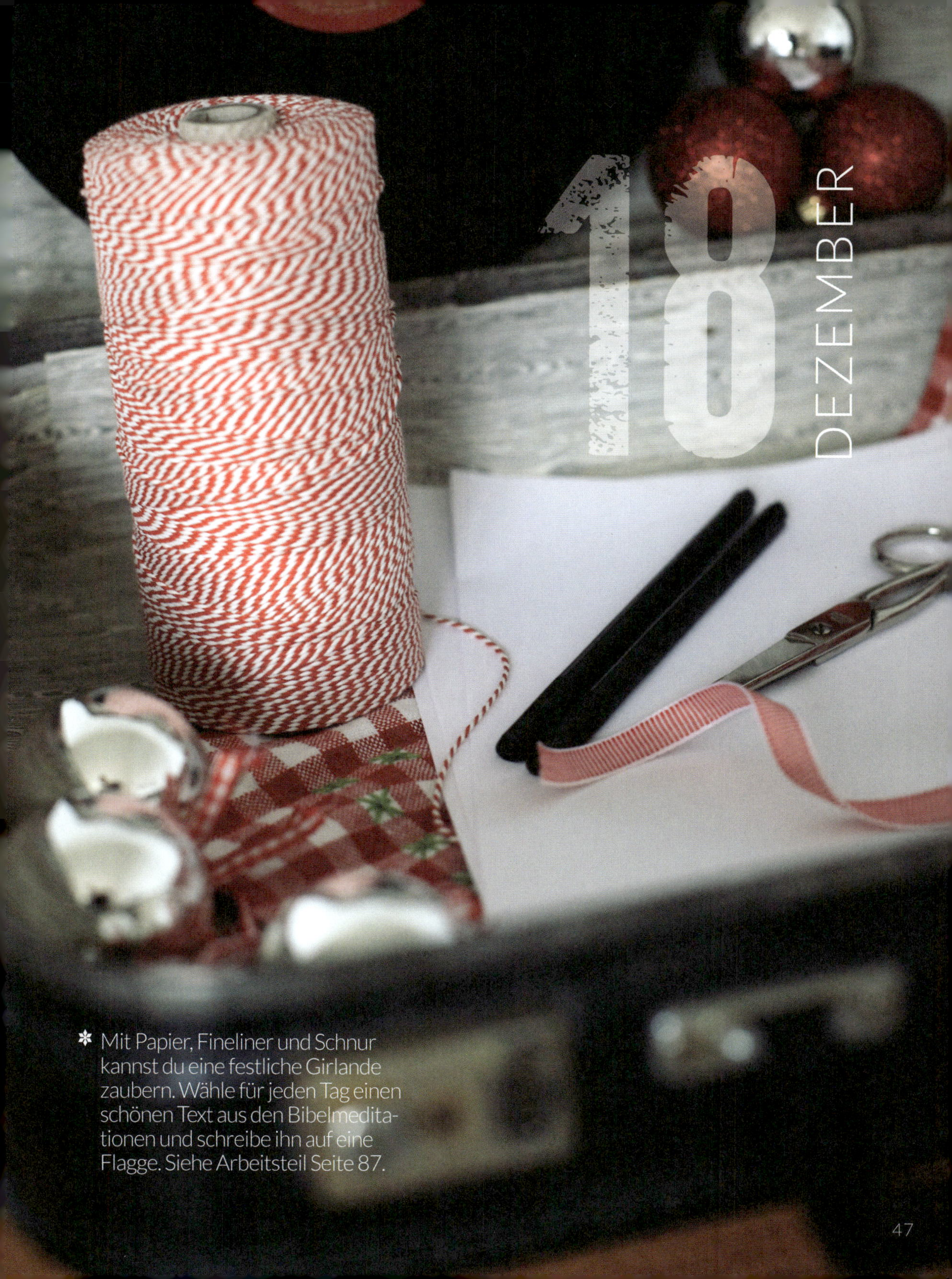

18 DEZEMBER

✻ Mit Papier, Fineliner und Schnur kannst du eine festliche Girlande zaubern. Wähle für jeden Tag einen schönen Text aus den Bibelmeditationen und schreibe ihn auf eine Flagge. Siehe Arbeitsteil Seite 87.

19 DEZEMBER

Das Mädchen, das sang

Nun ist das alles schon zweitausend Jahre her und Jesus ist immer noch nicht zurück. Da kann einen schon der Mut verlassen, wenn man genau darüber nachdenkt. Passiert eigentlich überhaupt noch etwas?
Aber ist es heute so viel anders als zu Marias Zeit? Damals ist es ewig her, dass jemand etwas von Gott gehört hat. Menschen wurden in Gefangenschaft genommen. Die Römer haben das Land besetzt. Und dann bekommt Maria völlig unerwartet Besuch von einem Engel. Warum sie? Warum so ein ganz normales Mädchen aus einer Provinzstadt?
Auf der Reise zu ihrer Tante – ein Fußmarsch von gut 120 km durch bergiges Gebiet – kommt sie zum Nachdenken. Darüber, wie unglaublich es ist, dass Gott gerade ihr Beachtung schenkt. Dass er die ganze Zeit, als sie nichts von ihm hörten, schon damit beschäftigt war, sein Versprechen einzulösen. Er hat sie also ganz und gar nicht vergessen. Er sieht, wenn Menschen Hunger leiden und Reiche ihr Geld nicht teilen. In ihr formen sich Worte, Zeilen eines Liedes.

Sie öffnet die Tür des Hauses ihrer Tante. Sie kommt unangekündigt, aber es ist, als ob sie erwartet wird, so fröhlich wird sie empfangen. Und sie singt.

„Gelobt sei der Herr! Wie freue ich mich an Gott, meinem Retter! Er hat seiner unbedeutenden Magd Beachtung geschenkt …"
Lukas 1,46-48

- *Mit welcher Ungerechtigkeit kannst du schwer umgehen?*
- *Was bedeutet es für dich, dass Gott dir Beachtung schenkt?*
- *Lies: Lukas 1,46-55*

Gott, ich danke dir für

Ich bete für

Geben

- Hast du noch irgendwo einen Bücher- oder Geschenkgutschein, mit dem du nichts anfangen kannst? Gib ihn an jemanden weiter, der ihn gut gebrauchen kann.
- Organisiere einen Spieleabend für ein paar Freundinnen.

Geh ein Stündchen in den Garten oder spazieren und gönn dir danach heiße Schokolade.

Wirklich nicht so viele Kalorien und extrem lecker: Wintermuffins! Siehe Arbeitsteil Seite 88.

Das Mädchen, das schwanger zurückkehrte

Wie soll sie ihrem Verlobten das nur erklären? Ohne ein Wort zu sagen, ist sie abgereist. Und als sie drei Monate später zurückkommt, ist sie schwanger. Sie muss ihm erzählen, was passiert ist, auch wenn ihr sehr wohl bewusst ist, wie abstrus die Geschichte klingt. Josef reagiert nicht wie erwartet. Er weiß, dass das Kind nicht von ihm sein kann. Aber er wird nicht zornig, er zeigt sie nicht wegen Ehebruchs an. Er hört ihr zu. Er versucht zu verstehen, was sie sagt. Und er kommt zu der Überzeugung, dass sie das alles nicht erfunden haben kann. Maria ist ihm nicht untreu gewesen. Was sie sagt, ist die Wahrheit. Das Kind, das sie erwartet, ist Gottes Kind.
Als er nachts wach liegt, fragt er sich, was für eine Rolle er noch spielen soll. Er beschließt, dass er die Vorbereitungen für die Hochzeit stoppen muss. Er kann Maria nicht heiraten, wo Gott sie doch in Dienst genommen hat. Das wäre ein Sakrileg.
Zum Glück hält ein Engel ihn davon ab, etwas Unumkehrbares zu tun.

„Josef, Sohn Davids", sagte der Engel, „zögere nicht, Maria zu heiraten. Denn das Kind, das sie erwartet, ist vom Heiligen Geist."
Matthäus 1,20

- *Gott betrachtet ihre Beziehung als Ehe, auch wenn sie noch nicht offiziell verheiratet sind. Wie könnte er ein Ehepaar auseinanderbringen?*
- *Was ist das Besondere an deinem Vater?*
- *Was ist das Besondere an deinem Mann?*
- *Lies: Matthäus 1,18-25*

Gott, ich danke dir für

Ich bete für

Geben

- Mach der Kassiererin oder der Arzthelferin ein Kompliment.
- Koche zwei Töpfe Erbsensuppe und verschenke einen davon.

Kaufe beim Secondhandladen ein paar 1000-Teile-Puzzles für die Feiertage!

DANKE,
HERR,
FÜR ALLES
20
DEZEMBER

24 DEZEMBER

Die ältere Frau, die ein Kind bekam

In einem Alter, in dem andere Frauen Zeit mit ihren Enkelkindern verbringen, bekommt sie einen Sohn. Was für ein wunderbarer Moment, als sie endlich diesen Jungen im Arm hält. Ihr Mann sagt nichts, aber sie sieht an seinem Blick, wie glücklich er ist. Und jeder freut sich für sie, freut sich über Gottes Güte. Nachbarn, Freundinnen, Familie, alle kommen, um das Baby zu begrüßen. Und alle kommen wieder an dem Tag, als ihr Sohn beschnitten werden soll. Zacharias Junior nennen sie ihn. Ist doch schön, ihn wie seinen Vater zu nennen? Der Name muss also doch nicht aussterben.

Aber Elisabeth sagte: „Nein! Sein Name lautet Johannes!"

Lukas 1,60

Auch wenn ihr Mann nicht sprechen kann, heißt das nicht, dass sie in den letzten Monaten nicht miteinander kommuniziert hätten. Er hat ihr erzählt, wie sie ihren Sohn nennen soll.

Sie spürt den Protest und die Überraschung. Ihre Nachbarn holen Zacharias dazu und versuchen, ihm mit Gebärden zu vermitteln, was sie wissen wollen. Als ob er taub wäre.
Elisabeth schaut lächelnd zu, wie ihr Mann eine Schreibtafel nimmt und langsam aufschreibt, was sie selbst auch schon gesagt hat: „Sein Name ist Johannes." Johannes: Der Herr ist gnädig.

- *Wie kommunizieren dein Partner und du miteinander?*
- *Worin erkennst du Gottes Gnade?*
- *Lies: Lukas 1,57-66*

Gott, ich danke dir für

Ich bete für

Geben

- Mache mit jemandem, der im Rollstuhl sitzt, einen Spaziergang oder besucht gemeinsam den Weihnachtsmarkt.
- Putze das Haus einer kranken Freundin. Oder koche bei ihr zu Hause für die Familie.

Heute ist Wintersonnenwende: der kürzeste Tag im Jahr. Wie könnte man das besser feiern als mit einem geselligen High Tea? Bei einer Potluck-Tea-Party bringt jeder seine Lieblingsteesorte und etwas zu Naschen mit. Selbst gemachte Scones, Sandwiches, Kuchen, Schokolade, Muffins, Weihnachtsgebäck, Minikuchen ... Du selbst stellst nur heißes Wasser, Tassen und Untertassen bereit.

Der Mann, der sang

Sein Name ist Johannes, schreibt Zacharias. Johannes, der Herr ist gnädig. Und im selben Moment kann er wieder sprechen.
Für ihn ist es, als ob er auf einem Gipfel steht und in der Ferne, am Horizont, die Sonne aufgehen sieht. Das Dunkel weicht, die Landschaft gewinnt an Tiefe und Farbe. Er sieht immer mehr. Sie wird immer schöner, die Zukunft, die bald anbricht.

Ein Leben in Gottes Nähe.
Ohne Angst. Ohne Schmerz.
Ein Leben in strahlendem Licht.
In Wärme. Befreiung. Friede.
Rettung für alle.

Wie wunderbar ist es, dass ihr Sohn, der kleine Junge, auf den sie so lange gewartet haben, eine besondere Rolle in Gottes Plan zur Rettung der Welt spielen darf. Er bekommt eine besondere Aufgabe: Er wird der Herold, der den König ankündigt. Er wird die Menschen auf die Ankunft des Herrn vorbereiten.

Und du, mein Kind, wirst Prophet des Allerhöchsten genannt werden …
Lukas 1,76

- *Wie haben sich deine Eltern deine Zukunft vorgestellt? Fühltest du dich in eine bestimmte Richtung gedrängt?*
- *Wenn du ein Kind oder mehrere hast: Was für einen Traum hast du für dein Kind?*
- *Wie gehst du damit um, wenn dein Kind einen anderen Traum hat?*
- *Lies: Lukas 1,67-80*

Gott, ich danke dir für

Ich bete für

Geben

- Schreibe eine Karte an jemanden, von dem du viel gelernt hast, oder an eine Lehrkraft, die viel für dein Kind getan hat, und drücke deine Wertschätzung aus.

- Bring jemandem das Frühstück ans Bett

Schäle einen Topf Kochbirnen und lass sie ein paar Stunden zusammen mit Zimtstangen köcheln. Stelle ein paar saubere Apfelmusgläser mit Deckel bereit. Was nicht sofort gegessen wird, kannst du darin einkochen.

Schreibe heute schon eine Einkaufsliste für die Feiertage. Geh morgen früh einkaufen. Danach bist du viel ruhiger.

22 DEZEMBER

23 DEZEMBER

Die Frau, die nicht zu Hause gebären konnte

Sicher ist sie nicht besonders froh darüber, dass sie ein paar Wochen vor dem Geburtstermin so eine lange Reise machen muss. Aber es geht nicht anders. Ihr Mann muss sich behördlich erfassen lassen und das kann er dummerweise nicht in seinem Wohnort. Er muss dafür in die Stadt seiner Vorväter. Wie jede andere Frau würde sie am liebsten zu Hause ihr Kind bekommen, mit ihrer Familie und Nachbarsfrauen in Reichweite. Aber es geht nicht. Wenn der römische Kaiser etwas befiehlt, musst du gehorchen.
Zusammen mit Josef packt sie ihre Sachen – auch die Windeln und Einschlagdecken für das Baby, die sie die letzten Monate gesammelt hat – und macht sich zu Fuß auf den Weg nach Bethlehem. Die Reise von 130 km dauert mehrere Wochen und führt durch bergiges und gefährliches Gebiet. Nicht gerade schön, wenn man hochschwanger ist.

Erst im Nachhinein sieht man, dass es kein Zufall ist, dass Maria kurz vor der Geburt nach Bethlehem kommt. Gott selbst hat einst gesagt, dass der Retter der Welt in Bethlehem geboren werden soll, und er nimmt sogar den römischen Kaiser in Dienst, damit dies auch wirklich so geschieht.

Weil Josef ein Nachkomme Davids war, musste er nach Bethlehem in Judäa, in die Stadt Davids, reisen. Von Nazareth in Galiläa aus machte er sich auf den Weg und nahm seine Verlobte Maria mit, die hochschwanger war.
Lukas 2,4-5

- *Worin bestand Gottes Leitung in deinem Leben?*
- *Lies: Lukas 2,1-5*

Gott, ich danke dir für

Ich bete für

Geben

- Lade deine Nachbarin zur Christmette ein.
- Massiere jemandes Schultern.

Mache dieses Jahr mal etwas anderes mit deinen Weihnachtskarten! Pinne sie in Form eines Kranzes an deine Pinnwand, bastle eine Collage in Form eines Weihnachtsbaums, häng sie mit Wäscheklammern an eine Lichterkette ins Treppenhaus. Oder häng sie dieses Jahr ins WC. Mit Washitape kannst du sie auch an die Wand kleben.

Die Frau, die in einem Stall gebar

Als sie in Bethlehem waren, kam die Zeit der Geburt heran.
Lukas 2,6

Sie hat Wehen, es ist ihr erstes Baby und sie ist weit weg von zu Hause. Keine Mutter, keine Schwiegermutter, keine Hebamme, keine Schwester in der Nähe, um sie zu beruhigen, um ihr zu sagen, was sie tun und wann sie pressen soll, niemand, der das Baby in Empfang nehmen und versorgen kann. Ihr zukünftiger Ehemann wird ihr helfen müssen. Und dann ist da noch die Frage, wo sie ihr Kind bekommen kann. Die Unterkunft, die Josef für sie gefunden hat, ist überhaupt nicht geeignet. Dort ist es eng und überfüllt. Sie müssen etwas anderes finden, einen Ort, wo sie etwas Privatsphäre haben. Zum Glück finden sie einen verlassenen Stall. Zum Glück ist es Sommer und die Schafe sind auf dem Feld. Zum Glück ist es dort sauber und leer und zum Glück hat sie einen Mann, der weiß, was er zu tun hat.

Der Junge kommt warm, schreiend und glitschig zur Welt und sie wickelt ihn in die Decken, die ihr Josef reicht, und legt ihn an. Er wird ruhig und trinkt und betrachtet sie mit ernstem Blick und sie lächelt ihn an, ihr Kind, das schönste Baby der Welt.

- *Welche Erinnerungen hast du an Weihnachten, als du noch ein Kind warst?*
- *Wie sollen sich deine Kinder später an Weihnachten erinnern?*
- *Lies: Lukas 2,6-7*

Gott, ich danke dir für

Ich bete für

Geben

- Gib dem Postboten eine Blume oder eine Flasche Wein
- Organisiere eine Christmette für die Nachbarschaft. Heiße Schokolade, Glühwein, Stollen, Musik, die Weihnachtsgeschichte …

Ein Weihnachtsbaum hat eigentlich nichts mit Jesu Geburt zu tun. Aber warum solltest du das Haus nicht schmücken dürfen, wenn es etwas zu feiern gibt? Das geht mit Fähnchen und Schleifen, aber auch mit Kerzen – als ein Zeichen für Jesus, der das Licht der Welt ist – und mit einem immergrünen Baum als ein Zeichen des Ewigen Lebens.

24

DEZEMBER

✻ Verziere dein Fenster mit einem weißen Fenstermarker.
Und so geht's:
* Wähle einen schönen Text.
* Erstelle einen Entwurf im Format DIN-A4.
* Übertrage deinen Entwurf auf die Außenseite des Fensters.
* Male alles von innen nach. Zeichne Herzchen, Linien, Blätter und Blumen dazu.
* Wisch die Farbe außen wieder weg.

Die Mutter, die Wochenbettbesuch bekam

In den Niederlanden hätte die Hebamme den Besuch nicht einmal reingelassen. „Nein, mitten in der Nacht geht es nicht und auch nicht so viele auf einmal. Und ich fände es besser, wenn ihr euch alle erst die Hände wascht."
Aber ihr Mann öffnet die Stalltür und lässt diese fremden Männer einfach hinein. Woher wissen sie, was passiert ist? Denn sie sind ganz bestimmt nicht zufällig hier. Sie gehen direkt zur Futterkrippe. Sie knien nieder, um ihren Sohn anzuschauen, streicheln seine Wangen, seine schwarzen Haare.
„Das ist er!"
„Es stimmt genau. Es ist wahr, was der Engel gesagt hat."
„Wie bitte?", fragt Josef und die Männer setzen sich zu den frischgebackenen Eltern und erzählen eine merkwürdige Geschichte. Sie haben einen Engel gesehen, wirklich wahr. Vor ein paar Stunden, als sie mit den Schafen auf dem Feld waren. „Habt keine Angst", sagte er. Er habe gute Nachrichten, der Retter sei gerade geboren, der Messias, kaum zu glauben, oder? Und dass sie ihn daran erkennen würden, dass er in einer Futterkrippe liege.

Und daran könnt ihr ihn erkennen: Ihr werdet ein Kind finden, das in Windeln gewickelt in einer Futterkrippe liegt!
Lukas 2,12

„Und dann sahen wir auch die anderen, eines ganzes Heer von Engeln. Der Himmel war ganz hell, wie am Tag. Habt ihr es nicht gehört? „Ehre sei Gott", riefen sie. „Ehre sei Gott und Frieden auf Erden für alle Menschen." Komm mit. Wir gehen. Das muss die ganze Stadt erfahren. Bald wird es hier voll sein!"

- *Was bedeutet die Ankunft von Gottes Sohn für dich?*
- *Auf welche Art und Weise teilst du die gute Nachricht von Jesu Geburt mit anderen?*
- *Lies: Lukas 2,8-20*

Gott, ich danke dir für

Ich bete für

Geben

- Lade jemanden zum Kaffee oder zum Weihnachtsessen ein.
- Singe spontan mit einem Chor im Seniorenheim

Warum zu Weihnachten so viel kochen? Lade deine Familie oder deine Freunde zu einer Brotmahlzeit ein. Sorge du für Suppe, Frikassee, Brötchen, Salat, Apfelsinen und Nüsse. So entsteht die Atmosphäre eines Weihnachtsessens ohne den Stress und ohne das Chaos in der Küche.

Die Frau, die Besuch von Ausländern bekam

Wieder erschien ihnen der Stern und führte sie nach Bethlehem. Er zog ihnen voran und blieb über dem Ort stehen, wo das Kind war. Als sie den Stern sahen, war ihre Freude groß.

Matthäus 2,9-10

Draußen ist es schon dunkel und die Geräusche der Kamele schallen von den Häusern in der verlassenen Straße wider. Sie halten direkt vor der Tür und aufgeregte Stimmen rufen in einer Sprache, die sie nicht versteht. Dann klopft es und eine Gruppe von Männern kommt hinein, es sind wohlhabende Ausländer. Als die Männer ihren Sohn sehen, ihr Baby, das gerade seine Hände entdeckt hat, sinken sie vor ihm auf die Knie und beugen ihre Häupter in Ehrfurcht. Sie öffnen die Kästchen, die sie bei sich haben, holen Geschenke heraus und legen sie vor ihm hin. Keine Decken oder Anziehsachen, keine selbst geschnitzten Boote oder Flöten, sondern viel zu teure Geschenke, die eher zu einem König als zu einem Baby passen.

Es ist zu viel, zu kostbar, sie kann es nicht annehmen. Aber sie wird nicht gefragt. Das alles ist nicht für sie. Das ist eine Sache zwischen diesen ausländischen Gelehrten und ihrem Sohn.

Bemerkenswert ist, dass diese Ausländer monatelang gereist sind, um ihr Baby sehen zu können, dass sie vor ihm niederknien wie vor einem König und dass in der ganzen Zeit seit der Geburt noch nicht ein Priester oder Schriftgelehrter vorbeigekommen ist.

- *Über welches Geschenk hast du dich sehr gefreut? Warum?*
- *Was findest du schöner? Geben oder empfangen?*
- *Lies: Matthäus 2,1-12*

Gott, ich danke dir für

Ich bete für

Geben

- Lade jemanden zum Brunch ein.
- Ruf ein Familienmitglied im Ausland an.

Ein Essen mit der ganzen Familie steht an? Erstelle eine Liste, in die jeder einträgt, was er zu essen und zu trinken mitbringt. Lecker und einfach!

Beginne ein großes Puzzle. Ein Tipp: Lege die Teile auf eine große Sperrholzplatte. So kannst du alles einfach weglegen, wenn der Tisch gedeckt werden soll.

26
ZEMBER
RECHTVAARDIGE
ROTS

* Bastle heute eine Tonscheibe mit einem Herz. Auf Seite 89 findest du eine Arbeitsanleitung.

Die Frau, die flüchtete, um ihr Kind zu retten

In dem Moment, in dem du ein Kind bekommst, verändert sich die Welt. Du lebst nicht mehr nur für dich. Du weißt, dass du alles dafür geben wirst, um dieses Kind zu beschützen, das vollkommen abhängig von dir ist. Was immer es auch kosten mag.

Sie schreckt hoch, als ihr Mann sie weckt und ihr sagt, dass sie fort müssen, dass Gefahr drohe. Sie denkt nicht an ihre Müdigkeit und dass sie gerade erst eingeschlafen war. Am Klang seiner Stimme erkennt sie, dass es ernst ist. Er sammelt schnell ihre Sachen ein, die Kleider, die Gerätschaften und die Decken. Er macht Bündel daraus und bindet sie auf den Esel, während sie schnell das schlafende Baby wickelt. Er löscht die Öllampe und sie schließen die Tür hinter sich und verlassen auf dunklen, stillen Straßen die Stadt. Sie halten nicht an, sie laufen die ganze Nacht, den ganzen Morgen bis in den Nachmittag. Endlich ist Josef sich sicher, dass sie weit genug weg sind.

„Steh auf und flieh mit dem Kind und seiner Mutter nach Ägypten. Bleib dort, bis ich dir sage, dass ihr zurückkehren könnt, denn Herodes will das Kind umbringen."
Matthäus 2,13

Unvorstellbar, grausam und tragisch, was hinter ihnen in Bethlehem geschieht. In der Offenbarung steht, was dahinter steckt: Dass jemand versucht, um jeden Preis den Rettungsplan zu sabotieren. Und dass Gott dafür sorgt, dass das nicht geschieht.

- *Wodurch hast du die Liebe deiner Mutter gespürt?*
- *Wie merken deine Kinder, dass du sie liebst?*
- *Lies: Matthäus 2,13-23*

Gott, ich danke dir für

Ich bete für

Geben

- Lade eine Freundin zu einem Spaziergang, zum Schwimmen oder Eislaufen ein.
- Räum einen Ast oder einen Stein vom Weg oder fege Glasscherben an die Seite

Nähe eine Decke für ein krankes Kind oder eine Geburtstagsgirlande aus Stoffstücken, mit denen besondere Erinnerungen verbunden sind. Siehe Arbeitsteil Seite 90.

Fange jetzt schon an, deine Sommerferien zu planen. Suche im Internet oder in der Bibliothek nach Reisezielen. So kann man schön in Stimmung kommen.

Der Mann, der den Retter auf den Arm nahm

Er hat nicht mehr lange zu leben. Der Tod ist nahe. Aber er weiß auch, dass er nicht sterben wird, bevor er nicht den Messias gesehen hat. Eines Tages spürt er auf unerklärliche Weise, dass er zum Tempel muss. Jetzt, sofort. Und er macht sich auf den Weg, wieviel Mühe und Schmerz es ihm auch bereitet.
So viel Lärm, so ein Gedränge auf dem Tempelvorplatz. Opfertiere, Verkäufer, Priester, Geldwechsler, Männer und Frauen. Er hat keine Ahnung, nach wem er Ausschau halten muss. Aber als er einen jungen Mann und eine junge Frau mit ihrem Baby in den Tempel gehen sieht, weiß er mit einem Male, dass sie es sind. Auch wenn sie ganz normal aussehen. Er geht auf sie zu, streckt seine Arme aus und nimmt Maria vorsichtig den kleinen Jungen ab. Er stützt seinen Kopf mit den Armen und schaut in die Augen seines Retters.
Dieser Junge ist der Messias, auf den er sein ganzes Leben gewartet hat. Auf den die Welt schon so lange wartet. Dieses Baby ist das Licht der Welt.

Herr, nun kann ich in Frieden sterben! Wie du es mir versprochen hast, habe ich den Retter gesehen …
Lukas 2,29-30

Wer den Retter gesehen hat, fürchtet den Tod nicht mehr.

- *Wer ist Jesus für dich?*
- *Lies: Lukas 2,22-35*

Gott, ich danke dir für

Ich bete für

Geben

- Hilf jemandem dabei, seine Garage, seinen Schrank oder sein Zimmer aufzuräumen.
- Verschenke eine Flasche Wein oder eine Schachtel Süßigkeiten.
- Mache einen Spaziergang. Nimm einen Müllsack mit und räume unterwegs allen Müll weg, den du findest.

Weihnachtsschmuck wird immer schnell heruntergesetzt. Das ist der Moment, um die schönen Glaskugeln zu kaufen, die du eigentlich zu teuer fandest. Nächstes Jahr sind sie eine schöne Überraschung!

Weihnachtsleckereien sind nun auch ein Stück günstiger.

28 DEZEMBER

✱ Bastle heute eine Tonscheibe mit einem Kreuz.

29 DEZEMBER

Drücke heute Zweige oder Blätter als Zeichen der Hoffnung in eine Tonscheibe.

Die alte Frau, die missionierte

Als Simeon mit Maria und Josef sprach, ging sie vorbei und begann, Gott zu loben. Allen, die auf die verheißene Erlösung Israels warteten, erzählte sie von Jesus.
Lukas 2,38

Wer sind die Menschen, die die Frohe Botschaft von Jesu Geburt weitergeben? Es sind nicht die Menschen, von denen du es erwarten würdest, die in der Kirche ganz vorne stehen, die die Bibel auswendig kennen. Es sind Hirten. Ausländer. Ein Mann, der nicht mehr lange lebt. Eine alte Frau. Gott stellt sie in den Vordergrund. Sie bekommen eine Aufgabe, die sie selbst vielleicht nie für sich gewählt hätten. Sie erreichen Menschen, die von der Kirche vielleicht nie erreicht worden wären. Auf eine ganz einfache, niederschwellige Art und Weise.

Hanna ist allein. Schon seit Jahren. Ihr Mann starb, als sie noch sehr jung war, und sie hat nie wieder geheiratet. Kinder hat sie keine. Aber sie hat entdeckt, dass ihre Freude bei Gott liegt. Und sie verbringt immer mehr Zeit mit ihm, betend und fastend im Tempel. Darauf wartend, was Gott tun wird. Und als sie Simeon dort mit dem Baby auf dem Arm stehen sieht, weiß sie, dass er recht hat: Das ist der Retter der Welt.
Sie tut nichts Weltbewegendes. Sie geht nicht von Tür zu Tür, sie zieht keine große Evangelisierungskampagne auf. Sie erzählt die Nachricht allen Menschen, die so sind wie sie: Die auch offen sind für die Gute Botschaft.
Eine Frau, die das Evangelium bringt.

- *Wem kannst du die Gute Nachricht weitergeben?*
- *Wann ist das leicht?*
- *Was hindert dich daran, es zu tun?*
- *Lies: Lukas 2,36-39*

Gott, ich danke dir für

Ich bete für

Geben

- Biete dich an, mit den Menschen im Seniorenheim oder in der Tagespflege etwas Schönes zu unternehmen. Alte Lieder singen, zum Beispiel. Oder nimm dein Waffeleisen und backe dort Waffeln.

Für die Vögel: Schmiere eine dicke Schicht Erdnussbutter auf eine leere Toilettenpapierrolle und wende sie danach in Vogelfutter. Steck sie auf einen Ast.

Kind weg!

Der Albtraum einer jeden Mutter: In der Stadt oder am Strand ist das Kind plötzlich weg. Zum Glück ist Jesus keine drei Jahre mehr alt, aber Maria ist trotzdem beunruhigt. Wo kann er nur sein? Warum hat sie nicht besser auf ihn aufgepasst? Warum hat sie nicht geschaut, bei wem er mitläuft?
Keine Handys, kein Notruf, keine Autos, mit denen man schnell umkehren könnte – sie müssen die ganze Strecke noch einmal laufen. Zwei Nächte vergehen, in denen sie nicht wissen, wo er ist. Die Unruhe wächst.
Da finden sie ihn im Tempel sitzend, als ob es die normalste Sache der Welt wäre. Es scheint so, als ob er sie gar nicht vermisst hätte. Als ob er gar nicht gemerkt hätte, dass sie weg war. Er läuft nicht auf seine Mutter zu, wirft sich ihr nicht weinend in die Arme. Er ist nur verwundert, warum sie solche Angst hatte.

„Warum habt ihr mich gesucht? Ihr hättet doch wissen müssen, dass ich im Haus meines Vaters bin."
Lukas 2,49

Er hat sich nicht versteckt. Er hat ihr nicht absichtlich Angst eingejagt. Er war einfach dort, wo er sein musste: im Haus seines Vaters. Die Zeit verstrich, ohne dass er es gemerkt hätte. Denn dies ist der Ort, an dem er zu Hause ist. Sie hätte es wissen müssen.

- *Wo fühlst du dich zu Hause?*
- *In welchen Momenten fühlst du dich bei Gott zu Hause?*
- *Lies: Lukas 2,41-52*

Gott, ich danke dir für

Ich bete für

Geben

- Schenke jemandem, der selbst nicht gern backt, eine Tute Neujahrskrapfen oder Apfeltaschen.
- Spende 10 Euro für einen guten Zweck

Suche im Internet nach einer Rabattaktion für ein Fotobuch und erstelle eines mit all den Urlaubsfotos, die immer noch auf deiner Festplatte herumliegen.

Sortiere die Bücher in deinem Bücherschrank nach Farbe.

30 DEZEM

* Schneide aus Karton ein kleines Haus aus. Drücke es in den Ton.

31 DEZEMBER

Du bist meine Zuflucht

Silvester bietet trotz der Knaller- und Feierei die perfekte Gelegenheit, kurz innezuhalten. Zurückschauen auf das vergangene Jahr und vorausschauen auf das kommende. Es ist, als ob du auf einem Berg stehst. Schaust du zurück, kannst du alles sehen, blickst du nach vorne, ist alles in dichten Nebel gehüllt. Du weißt nicht, was vor dir liegt.

Welch ein Glück, wenn du weißt, dass Gott bei dir ist. Dass er auf diesem Berg neben dir steht. Er war bei dir, jeden Tag, jede Stunde des vergangenen Jahres. Er hat dich beschützt. Er geht mit dir gemeinsam in das neue Jahr. Seine Engel wachen über dich, über deine Familie, über jeden deiner Lieben.

Es gibt keine Garantie, dass alles problemlos verlaufen wird. Der Verfasser von Psalm 91 macht schlimme Dinge mit. Aber gleichzeitig erfährt er: Wenn Gott bei mir ist, brauche ich keine Angst zu haben. Wie schlimm es auch scheint, in Wahrheit bin ich nie in Gefahr. Ich verberge mich bei Gott wie ein junger Vogel sich unter den Flügeln seiner Mutter verbirgt. Ich bin sicher.

Er wird dich mit seinen Flügeln bedecken, und du findest bei ihm Zuflucht. Seine Treue schützt dich wie ein großer Schild.

Psalm 91,4

Gott verspricht, dass er da ist. Bei dir, bei jedem deiner Lieben. Auch in schwierigen Zeiten. Gemeinsam mit ihm ins neue Jahr, besser kann es nicht beginnen.

- *Wann hast du im letzten Jahr Gottes Gegenwart gespürt?*
- *Was willst du von Gott über die Zukunft wissen?*
- *Lies: Psalm 91*

Gott, ich danke dir für

Ich bete für

Geben

- Stelle einen Feuerkorb oder ein leeres Fass vors Haus, lege genug Holz bereit und entfache ein schönes Feuerchen. Lade Nachbarn und Passanten ein, mit dir ein Gläschen Glühwein oder heiße Schokolade zu trinken.

Die leckersten Neujahrskrapfen sind die Selbstgemachten! Im Arbeitsteil auf Seite 91 findest du ein tolles Rezept!

Nimm von diesem Abend ein Video auf. Lass alle erzählen, was ihnen im letzten Jahr am besten gefallen hat und was sie sich für das kommende Jahr erhoffen oder erwarten.

Arbeitsteil

Torino
Specialità Italiana

1. bis 7. Dezember

Gestalte deinen eigenen Schaukasten

Du brauchst dafür:

- *1 große Schachtel oder Kiste*
- *3 kleine Schachteln*
- *Kleber*
- *Latexfarbe*
- *Pinsel*

Und so geht's:
Sammle ein paar Schachteln: 1 größere, zum Beispiel eine Holzkiste, und 3 bis 4 kleinere, z.B. Teeschachteln oder große Streichholzschächtelchen. Schneide den Deckel ab oder entferne ihn.
Streiche alle Schachteln mit Latexfarbe. Auf dem Bild wurde weiße Farbe verwendet, aber vielleicht findest du ja noch einen Rest Wandfarbe in einem schönen Ton. Dann kannst du die natürlich benutzen! Wenn die Farbe getrocknet ist, klebst du die kleineren Schachteln in die große Kiste.

In den nächsten Tagen füllst du sie mit Gegenständen, die zu den Impulsen passen.

3. Dezember

Auf der Seite von Titatoni findest du Ideen für originelle Weihnachtsdekoration. So wie dieser Adventskranz. Suche im Wald oder Garten nach einem schönen, verwitterten Stamm, er sollte nicht länger als 40 cm sein. Bohre mit einem Holzbohrer in gleichem Abstand 4 Löcher hinein. Kerzen hineinstecken und schon bist du fertig!
Dank an titatoni.blogspot.de.
Siehe auch: tinyurl.com/adventskaars.

5. Dezember

Nikolausabend!

Verpacke deine Geschenke dieses Jahr besonders schön – nicht mit Weihnachtspapier, sondern mit Dingen, die du zu Hause hast. Ein paar Einpackbeispiele: ein Geschenk mit einer klassischen Ausstrahlung (S. 80), ein verspielt eingepacktes Geschenk mit Farben, Schleifen und Spielzeug (S. 81) und ein Geschenk mit einer geschmackvollen, schlichten Verpackung (S. 82).

Sunlight
SOAP - ZEEP - SAVON
2x150g
Pure and Mild -
Hansaplast strip
SINDS 1860
Jacket
NCV
K.S.O
Port Sainte Foy
33220 SAINTE FOY LA GRANDE
KIWI
HAYWARD
DORDOGNE
FRANCE

PYRAMIDE
GARANTI CONTRE LA ROUILLE
LE MEILLEUR BOUTON A PRESSION
REPUBLICA DE GUINEA ECUATORIAL
NAVIDAD 72

5. Dezember

Schnell & gesund

Dafür brauchst du:

- *Tagliatelle (oder andere Pasta)*
- *portionierbaren TK-Spinat*
- *Champignons*
- *magere Speckwürfel*
- *Boursin-Frischkäse (oder Crème Fraîche mit Parmesankäse)*

– Tipp –
Ohne Speck schmeckt es auch. Einfach etwas mehr Käse hinzufügen.

Und so geht's:

Spinat auftauen lassen und das Wasser abgießen.
Pasta mit einem Brühwürfel in Wasser bissfest garen.
Speckwürfel auf kleiner Flamme ausbraten und das Fett abgießen. Champignons anbraten.
Spinat mit Boursin oder Crème Fraîche verrühren und alles erhitzen.
Pasta abgießen und mit der Spinatsoße vermengen.

Salzen und pfeffern nach Geschmack.

7. Dezember

Christstollen

Dafür brauchst du:

- *500 g Mehl (und 100 g zusätzlich zur Sicherheit)*
- *10 g Salz*
- *1 Würfel Hefe (ich nehme 2 zur Sicherheit!)*
- *200 ml lauwarme Milch*
- *100 g Zucker*
- *100 g geschmolzene Butter*
- *1 verquirltes Ei*
- *Abrieb von einer Apfelsine oder Zitrone*
- *500 g Rosinen*
- *100 g Zitronat*
- *50 g kleingeschnittene, kandierte Kirschen*
- *250 g Haselnüsse*

Für die Füllung:

- *1 Packung Marzipan*
- *1 Ei*

– Tipp –
Lege nach der Hälfte der Backzeit ein Stück Alufolie über den Stollen, damit er nicht zu dunkel wird.

Und so geht's:

Die Hefe in der warmen Milch auflösen, Butter und Ei zufügen.
Zucker und Salz mit dem Mehl vermischen. Mache eine Kuhle in den Mehlhaufen und gieße etwas Hefe-Milch hinein. Knete mit den Händen oder einem Handrührer und gib immer mehr Milch dazu. Knete den Teig 10 Minuten und schlage ihn hin und wieder mit Kraft auf die Arbeitsplatte. Wenn der Teig nicht mehr an den Fingern klebt (verwende das zusätzliche Mehl, wenn er immer noch klebrig ist), Apfelsinenabrieb, Rosinen, Zitronat, Kirschen und Haselnüsse zufügen. Noch einmal gut durchkneten und eine Stunde gehen lassen.
Marzipan und Ei vermischen und zu einer Rolle formen.
Knete den Teig noch einmal kräftig durch, rolle ihn länglich aus, lege den Marzipanstab in die Mitte und schlage ihn von zwei Seiten ein. Leg ein nasses Geschirrtuch auf den Teig und lass ihn noch eine halbe Stunde gehen.
Backe den Stollen bei 200–220 °C ungefähr 50 Minuten. Kontrolliere, ob er gar ist, bevor du ihn aus dem Ofen nimmst, indem du eine Stäbchenprobe machst.

Kannst du deinen Kranz nicht mehr sehen? Dann häng ihn doch nach draußen, die Vögel freuen sich.

8. Dezember

Apfeltaschen

Dafür brauchst du:

- *10 Scheiben Blätterteig*
- *2–3 Boskop-Äpfel oder andere säuerliche Äpfel*
- *2 EL Zucker*
- *1 TL Zimt*
- *1 Handvoll Rosinen*

Und so geht's:

Den Ofen auf 220 Grad vorheizen.
Blätterteigscheiben auf Backpapier legen und auftauen lassen.
Äpfel schälen und in kleine Würfel schneiden.
Zucker, Zimt und Rosinen zufügen und gut durchrühren.
Die Mischung auf den Blätterteig geben und zu dreieckigen Taschen formen, die Ränder gut verschließen.
20 Minuten backen und mindestens eine Viertelstunde abkühlen lassen.

14. Dezember

Kranz aus getrockneten Äpfeln

Dafür brauchst du:

- *1 Kilo kleine Äpfel*
- *dicken Bindedraht*
- *Band*

Und so geht's:

Kerngehäuse mit einem Apfelausstecher entfernen und die Äpfel in Ringe schneiden, um sie im Backofen (bei 70–80 °C) zu trocknen. Das riecht herrlich! Nach ungefähr 5 Stunden nachschauen, ob die Scheiben ganz trocken sind. Falls nicht, noch etwas länger im Ofen lassen.
Die abgekühlten Apfelscheiben auf Draht auffädeln und die Enden miteinander verbinden. Den selbstgemachten Kranz an einem hübschen Band aufhängen.

10. bis 15. Dezember

Windlichter

Für diese schönen Windlichter brauchst du:

- *leere Gläser*
- *braunes Kraftpapier*
- *Buchstabenstempel*
- *einen schwarzen Fineliner*
- *Schere*
- *ein wenig Kleber*
- *Schnur oder Bindedraht*

Und so geht's:

Etiketten auf braunes Papier zeichnen.
Mit Stempeln die Texte aus den Impulsen daraufschreiben. Wähle die Worte, die dich am meisten ansprechen.
Etiketten mit Linien verzieren.
Ausschneiden und auf die Gläser kleben.
Die Schnur um den oberen Rand der Gläser wickeln und verknoten.

18. bis 24. Dezember

Girlande

Dafür brauchst du:

- *Papierbögen in 13 x 18 cm*
- *Schere*
- *Kleber*
- *Fineliner*
- *Bindedraht, Schnur oder Wolle*

Und so geht's:

Suche Wörter und Sätze aus den Meditationen. Schreibe diesen Text mit einem Fineliner ab (oder nimm einen schönen Font am Computer, drucke den Text aus und übertrage ihn auf weißes Papier).

Knicke das Papier an der kurzen Seite ungefähr einen Zentimeter breit um. Gib etwas Kleber darauf und leg den Draht hinein. Zuklappen und trocknen lassen.

Du kannst die Wimpel auch ausdrucken und übertragen. Eine Vorlage findest du hier *tinyurl.com/ksgjjh8 unter „Extras".*

19. Dezember

Wintermuffins

Dafür brauchst du:

- *250 g Mehl*
- *3 TL Backpulver*
- *1 großen Boskop-Apfel, in Stückchen geschnitten*
- *1 halben TL Salz*
- *1 halben TL Zimt*
- *60 g Butter*
- *225 ml Milch*
- *50 g Rosinen*
- *50 g Zitronat*
- *1 Ei*
- *12 Muffinförmchen aus Papier*

Und so geht's:

Den Ofen auf 200 Grad vorheizen.
Mehl, Backpulver, Zimt und Salz mischen.
Butter zimmerwarm werden lassen und mit dem Zucker schaumig aufschlagen. Ei und Milch zufügen. Die Mischung unter das Mehl rühren, bis keine Klümpchen mehr zu sehen sind. Apfel, Zitronat und Rosinen unterheben.
Den Teig auf die Förmchen verteilen und 20–25 Minuten backen.

– Tipp –
Diese Muffins sind schnell aufgegessen. Wenn du die Mengen verdoppelst, sparst du Zeit.

27. bis 31. Dezember

Tonanhänger

Dafür brauchst du:

- *selbst trocknenden, weißen Ton (oder Modelliermasse)*
- *ein Trinkglas oder Becher zum Ausstechen*
- *Herzen, Zweige, Knöpfe, Kreuze, um sie in den Ton zu drücken*
- *Farbe nach Belieben*
- *Band*

Und so geht's:

Stich Kreise aus dem ausgerollten Ton. Mache mit einem Schaschlikspieß ein Loch, damit du die Scheibe später aufhängen kannst. Drücke eine Form hinein, passend zum Impuls.
Lass den Tonanhänger gut trocknen. Wenn er trocken ist, kannst du ihn anmalen. Befestige ein schönes Band am Anhänger und häng ihn auf.

31. Dezember

Neujahrskrapfen

Dafür brauchst du:

- *1 kg Mehl*
- *2 Würfel Hefe*
- *3 EL Zucker*
- *4 TL Salz*
- *5 Eier*
- *750 ml lauwarme Milch*
- *200 g Rosinen*
- *50 g Zitronat*
- *4 Boskop-Äpfel in kleinen Stücken*
- *Puderzucker*

Und so geht's:

Hefe in der Milch auflösen. Eier dazugeben. Mehl mit Zucker und Salz vermischen. Während des Rührens/Mixens das Milchgemisch zufügen. Weiter rühren bis der Teig glatt ist. Falls gewünscht, Äpfel, Rosinen und Zitronat zufügen.
Den Teig eine Stunde gehen lassen.

Fritteuse auf 170 °C einstellen. Zwei Löffel in das heiße Öl eintauchen und damit Teigkugeln formen, ins Öl gleiten lassen und 4–6 Minuten braun ausbacken. Nach der Hälfte der Zeit wenden. Auf Küchenpapier abtropfen lassen.

27. Dezember

Flickendecke oder Stoffgirlande:

Schneide Stoffstücke aus alten Babyklamotten, besonderen T-Shirts oder Hosen. Zu jedem Stück gehört eine Geschichte.
Eine Anleitung auf Niederländisch findest du hier:
tinyurl.com/lappendeken
tinyurl.com/stoffenslinger
auf Deutsch hier: tinyurl.com/m5ghf7d.

Schneide die Karten aus und verwende sie zum Beispiel für den Tassenadventskalender von Seite 10.

Deshalb wird der Herr selbst das Zeichen geben. Seht! Die Jungfrau wird ein Kind erwarten! Sie wird einem Sohn das Leben schenken und er wird Immanuel genannt werden. Das heißt: Gott ist mit uns.

Jesaja 7,14

Aus dem Stumpf Isais wird ein Spross hervorgehen – ein neuer Trieb aus seinen Wurzeln wird Frucht tragen.

Jesaja 11,1

Auf ihm wird der Geist des Herrn ruhen – der Geist der Weisheit und des Verstandes, der Geist des Rates und der Macht, der Geist der Erkenntnis und der Furcht des Herrn.

Jesaja 11,2

Dann werden der Wolf und das Lamm einträchtig zusammenleben; der Leopard und die Ziege werden beieinander lagern. Kalb, Löwe und Mastvieh werden Freunde und ein kleiner Junge wird sie hüten.

Jesaja 11,6

Auf meinem ganzen heiligen Berg wird niemand mehr etwas Böses tun oder Unheil stiften, denn wie das Wasser das Meer füllt, so wird die Erde mit der Erkenntnis des Herrn erfüllt sein.

Jesaja 11, 9

Juble laut, du Volk von Zion! Freut euch, ihr Bewohner von Jerusalem! Seht, euer König kommt zu euch. Er ist gerecht und siegreich, und doch ist er demütig und reitet auf einem Esel – ja, auf dem Fohlen eines Esels, dem Jungen einer Eselin.

Sacharja 9,9

Denn das Volk, das in der Dunkelheit lebt, sieht ein helles Licht. Und über den Menschen in einem vom Tode überschatteten Land strahlt ein heller Schein.

Jesaja 9,1

Denn uns wurde ein Kind geboren, uns wurde ein Sohn geschenkt. Auf seinen Schultern ruht die Herrschaft. Er heißt: wunderbarer Ratgeber, starker Gott, ewiger Vater, Friedensfürst.

Jesaja 9,5

Du, Bethlehem Efrata, bist zwar zu klein, um unter die großen Städte Judas gerechnet zu werden. Dennoch wird aus dir einer kommen, der über Israel herrschen soll. Seine Herkunft reicht in ferne Vergangenheit zurück, ja bis in die Urzeit.

Micha 5,1

Durch die Güte und Barmherzigkeit Gottes wird nun das Licht des Himmels uns besuchen, um die zu erleuchten, die in der Dunkelheit und im Schatten des Todes sitzen, und um uns auf den Weg des Friedens zu leiten …

Lukas 1,78-79

Gabriel erschien ihr und sagte: „Sei gegrüßt! Du bist beschenkt mit großer Gnade! Der Herr ist mit dir!"

Lukas 1,28

Da erklärte er ihr: „Hab keine Angst, Maria, denn du hast Gnade bei Gott gefunden. Du wirst schwanger werden und einen Sohn zur Welt bringen, den du Jesus nennen sollst."

Lukas 1,30-31

Er wird groß sein und Sohn des Aller-höchsten genannt werden. Gott, der Herr, wird ihn auf den Thron seines Vaters David setzen. Er wird für immer über Israel herrschen …

Lukas 1,32-33

„Der Heilige Geist wird über dich kommen, und die Macht des Allerhöchsten wird dich überschatten. Deshalb wird das Kind, das du gebären wirst, heilig und Sohn Gottes genannt werden."

Lukas 1,35

Als sie das Haus betrat und Elisabeth begrüßte, hüpfte Elisabeths Kind im Bauch seiner Mutter, und Elisabeth wurde vom Heiligen Geist erfüllt. Sie rief Maria laut entgegen: „Du bist von Gott geseg-net vor allen anderen Frauen, und gesegnet ist auch dein Kind."

Lukas 1,40-42

Und Maria sprach: Meine Seele erhebt den Herrn, und mein Geist hat gejubelt über Gott, meinen Retter.

Lukas 1,46-47 (ELB)

Maria gebar ihr erstes Kind, einen Sohn. Sie wickelte ihn in Windeln und legte ihn in eine Futterkrippe, weil es im Gasthaus keinen Platz für sie gab.

Lukas 2,7

Der Engel beruhigte sie. „Habt keine Angst!", sagte er. „Ich bringe eine gute Botschaft für alle Menschen! Der Retter – ja, Christus, der Herr – ist heute Nacht in Bethle-hem, der Stadt Davids, geboren worden!"

Lukas 2,10-11

„Und daran könnt ihr ihn erkennen: Ihr werdet ein Kind finden, das in Windeln gewickelt in einer Futterkrippe liegt!"

Lukas 2,12

Auf einmal war der Engel von den himm-lischen Heerscharen umgeben, und sie alle priesen Gott mit den Worten: „Ehre sei Gott im höchsten Himmel und Frieden auf Erden für alle Menschen, an denen Gott Gefallen hat."

Lukas 2,13-14

[Die Hirten] liefen so schnell sie konnten ins Dorf und fanden Maria und Josef und das Kind in der Futterkrippe.

Lukas 2,16

Wieder erschien ihnen der Stern und führte sie nach Bethlehem. Er zog ihnen voran und blieb über dem Ort stehen, wo das Kind war. Als sie den Stern sahen, war ihre Freude groß.

Matthäus 2,9-10

Denn Gott hat die Welt so sehr geliebt, dass er seinen einzigen Sohn hingab, damit jeder, der an ihn glaubt, nicht verloren geht, sondern das ewige Leben hat.

Johannes 3,16

Obwohl er Gott war, bestand er nicht auf seinen göttlichen Rechten. Er verzichte-te auf alles, er nahm die niedrige Stellung eines Dieners an und wurde als Mensch geboren und als solcher erkannt.

Philipper 2,6-7